CATALOGUE

DE

BELLES TAPISSERIES

DE LA RENAISSANCE ET DES ÉPOQUES LOUIS XIV, LOUIS XV ET LOUIS XVI

Meubles renaissance en bois sculpté et autres

des XVIIe et XVIIIe siècles en marqueterie de bois et de cuivre;

Sièges variés des époques Louis XV et Louis XVI

en bois sculpté couverts d'étoffes anciennes; Sculptures du XVe siècle;

Objets variés.

SUITE INTÉRESSANTE DE DESSINS DE L'ÉCOLE FRANÇAISE

Par Delafosse, Deschamps, Desrais, Gillot, Lalonde, Leprince, Lequeu,

Nicolas de Nicolaï, Nollet, Oudry, Van Orley, etc.

QUELQUES GRAVURES

DONT LA VENTE AURA LIEU

HOTEL DROUOT, SALLE N° 1

Le Jeudi 9 Juin 1881

A DEUX HEURES PRÉCISES.

Par le ministère de Me **ESCRIBE**, Commissaire-priseur, 6, rue de Hanovre;

Assisté de **M. CLEMENT**, M^d d'Estampes de la Bibliothèque nationale,
3, rue des Saints-Pères;

Et de **M. CHARLES MANNHEIM**, Expert, 7, rue Saint-Georges.

Chez lesquels se trouve le présent Catalogue.

EXPOSITION PUBLIQUE : le Mercredi 8 Juin 1881.

De deux heures à cinq heures.

CONDITIONS DE LA VENTE

Elle sera faite au comptant.

Les adjudicataires payeront *cinq pour cent* en sus des enchères.

L'exposition mettant le public à même de se rendre compte de l'état des objets, il ne sera admis aucune réclamation une fois l'adjudication prononcée.

Paris. — Typ. PILLET et DUMOULIN, 5, rue des Grands-Augustins.

DÉSIGNATION DES OBJETS

DESSINS

ANONYME DU XVIIe SIÈCLE

1 — Entrée d'un village, vers la gauche une femme debout.

A la plume et lavis de bistre, encadré.

ANONYME DU XVIIIe SIECLE

2 — Mulâtresse. Esclave parée, en buste.

Aquarelle.

CHINOIS (Dessins anciens)

3 — Personnages jouant avec des instruments de musique.

Quatre beaux dessins à la gouache ; pourront être vendus séparément.

4 — Vestibule d'un palais chinois, dans lequel est un jeune homme assis.

Gouache encadrée.

5 — Jeune femme regardant les amours de deux colombes, dans un intérieur chinois.

Gouache encadrée, faisant pendant au numéro précédent.

6 Scène de la vie des Chinois, suite de douze dessins en largeur.

Aquarelles.

DELAFOSSE (J.-C.)

7 — Pendule avec bas-relief de huit figurines, Amours offrant un sacrifice.

Beau dessin à la plume et lavis d'encre de Chine. A été gravé dans l'ouvrage ci-après : Dessins de décoration des principaux maîtres... gravés sous la direction de M. Ed. Guichard..., texte par M. Ernest. Chesneau... Paris, Quantin, 1881. 1 vol. in-fol.

8 — Pendule, un cercle tangent à un rectangle horizontal.

A la plume et lavis d'encre de Chine, gravé dans le même livre que le numéro précédent.

9 — Applique à deux lumières.

Beau dessin à la plume et lavis d'encre de Chine, gravé dans le livre indiqué au n° 7.

10 — Chandeliers Pascal.

Beau dessin à la plume et lavis de bistre et encre de Chine, gravé dans le livre indiqué au numéro 7.

11 — Décorations pour intérieur d'appartement.

Deux dessins au lavis d'encre de Chine, encadrés. Gravé dans le livre indiqué au numéro 7.

DESCHAMPS

12 — Cadre de glace, avec paysage au milieu.

Au crayon noir et lavis de bistre. Au bas cette inscription : *Bon pour exécuter, Deschamps.*

DESRAIS (C.-L.)

13 — Buste de femme avec grande coiffure.

A la plume et lavis de bistre. A été gravé dans la suite des costumes de Desrais et Leclerc, publié chez Esnault et Rapilly, encadré.

ÉCOLE FRANÇAISE DU XVIIIᵉ SIÈCLE

14 — Tête de femme.

Au crayon noir et blanc, un peu taché.

15 — Jeune fille mordant dans une grappe de raisin. (La grappe de raisin métamorphosée.)

Aux trois crayons.

16 — Statue en forme de gaine.

Au lavis d'encre de Chine, gravé dans le livre indiqué au numéro 7.

17 — Portique soutenu par deux cariatides.

A la plume et lavis d'encre de Chine, gravé dans le livre indiqué au numéro 7.

18 — Panneau - Arabesque pour décoration d'apparte-ment.

Aquarelle, encadré.

19 — Trophée de fleurs. Une guirlande de fleurs, au milieu l'Amour.

Deux dessins à la gouache.

ÉCOLE ITALIENNE

20 — Portrait d'un pape, représenté assis, donnant la bénédiction.

Beau dessin au lavis de bistre, encadré.

ÉCOLE ITALIENNE

21 — Apothéose religieuse, composition pour un plafond.

A la plume et lavis d'encre de Chine et de bistre.

22 — Cartouches et Mascarons.

A la plume, encadré.

GILLOT (CLAUDE)

23 — Composition d'arabesques ; au verso, costumes e scène de comédie.

A la plume et lavis de bistre, gravé dans le livre indiqué au numéro 7.

LALONDE

24 — Dessin de deux coupés, sur une même feuille.

A la plume et lavis d'encre de Chine, encadré. Gravé dans le livre indiqué au numéro 7.

25 — Dessin d'un coupé.

Au lavis d'encre de Chine, encadré. Gravé dans le livre indiqué au numéro 7.

26 — Diligence et coupé, dessinés sur une même feuille.

A la plume et lavis d'encre de Chine et d'aquarelle. Gravé dans le livre indiqué au numéro 7.

LEPRINCE (J.-B.)

27 — Jeune femme debout, se promenant dans un jardin

Beau dessin aux trois crayons, encadré.

LEQUEU (J.-J.)

28 — Dessin d'un carton d'évangile.

A la plume et lavis d'encre de Chine et bleu.

29 — Dessin d'un carton pour des prières.

Au lavis d'encre de Chine et d'aquarelle, encadré.

MAITRES LYONNAIS DU XVIIIe SIÈCLE (BONY OU BONNI)

30 — Modèles pour habits, gilets brodés et étoffes de soie.

Soixante-douze dessins à la gouache renfermés dans trente-six cadres, pourront être vendus séparément.

METZU (GABRIEL)

31 — Études de fruits et légumes, peinture sur toile collée sur panneau.

Haut., o m. 19 cent.; Larg., o m. 34 cent.

Provient de la vente de Joseph Antoine Crozat, faite au profit des hospices de Paris, en 1741.

MINIATURES

32 — Lettres et miniatures sur parchemin, vingt-six feuilles comprenant quarante-quatre fragments détachés, tirés d'un antiphonaire du XVe siècle. Ce lot pourra être divisé.

33 — Six feuilles, miniatures sur vélin avec bordures ornementées, tirées d'un manuscrit du XVIe siècle.

34 — Une feuille de manuscrit du XVe siècle, avec lettres ornées, au recto et au verso.

35 — Lettre **A**, fragment de page d'un antiphonaire du xve siècle.

36 — Neuf lettres ornées, tirées de deux manuscrits différents.

NICOLAS DE NICOLAI

37 — Quatorze dessins originaux de Nicolas de Nicolay, Seigneur d'Arfeville, géographe et varlet de chambre du roy Henri II, pour l'illustration du livre des navigations et pérégrinations orientales de M. de Nicolay.

Partement et voyage du sieur d'Aramont (Ambassadeur pour le Roy auprès du Grand Turc) de Constantinople pour revenir en France.

Cet ouvrage a été imprimé à Lyon par Guillaume Roville en 1567 et était illustré de 60 gravures de Louis Danet, d'après les dessins de M. Nicolas de Nicolay.

A la plume et lavis de bistre, encadrés dans sept cadres. La description que nous rapportons ci-dessus est jointe aux dessins.

NOLLET

38 — L'Eau, le Feu, deux dessins-arabesques pour tapisseries ou panneaux.

A la plume, signés et datés 1734. Gravés dans le livre indiqué au numéro 7.

OUDRY (J.-B.)

39 — Moulins sur les bords d'une rivière.

Aux crayons noir et blanc, sur papier bleu, encadré.

PRIEUR

40 — Les Saisons, suite de quatre dessins-arabesques en hauteur.

> Superbes dessins exécutés à la plume et à la sépia, avec indication des ombres portées en gris bleu, encadrés. Gravés dans le livre indiqué au numéro 7.

RANSON

41 — Trophée de fleurs ; au milieu, deux colombes qui se becquètent.

> A l'aquarelle, signé, encadré.

REGNIER (H.)

Dessinateur à la Manufacture de Sèvres. XIXᵉ siècle.

42 — Différentes compositions d'ornements.

> Cinq dessins à l'encre de Chine et à la sépia, dans un même cadre. Gravés dans le livre indiqué au numéro 7.

SANZIO (d'après RAPHAEL)

43 — La Vierge au berceau.

> A la plume, encadré.

VAN ORLEY (BERNARD)

44 — Dieu le père et Dieu le fils, couronnant la sainte Vierge, représentés en haut de la composition au milieu d'une gloire d'ange. Dans le bas, un grand nombre de saints en adoration.

> Beau dessin à la plume, provenant de la vente Rossi.

ESTAMPES

ANONYME

45 — Volatilles, in-fol. en largeur, en couleur.

LEYDE (LUCAS DE)

46 — Une composition d'ornements (B. 161).

Ancienne épreuve.

VENI (G. DE)

47 — Les Noces d'Isaac ét de Rebecca, grande pièce en forme de frise, d'après Balthasar Peruzzi.

Belle épreuve, mais doublée.

MEUBLES

48 — Beau meuble à deux corps en bois de noyer sculpté, les portes sont enrichies de camaïeux d'or. XVI* siècle. Le fond et les côtés ont été refaits.

49 — Meuble en noyer sculpté, offert par la corporation des Huchiers (menuisiers en meubles) de la ville de Paris, à la princesse Henriette de France à l'occasion de son mariage avec Charles I** d'Angleterre.

Ce meuble à deux corps a conservé sa garniture an-

cienne en étoffe bleue de France avec clous et passe-
menterie.

Les portes du corps supérieur représentent Henri IV
et Charles Ier et celles du corps inférieur des figures
allégoriques.

Les montants sont ornés de cariatides et les tiroirs
offrent des figures de tritons et des chevaux marins.

50 — Curieux meuble en bois sculpté à pilastres cannelés,
et fermant à deux portes décorées de panneaux à en-
trelacs et. ressauts diamantés.

Ce meuble repose sur une table à colonnes, garnie
de deux tiroirs avec console et mascarons aux extrémités et en entre-deux et frise découpée à rinceaux et
mascaron.

Travail de la fin du xvie siècle.

51 — Meuble à deux corps et à quatre portes en bois
sculpté, décoré de cariatides et d'ornements. xvie siècle. Ce meuble a subi des restaurations.

52 — Très grand meuble Louis XIII fermant à deux
portes, colonnes torses et groupes d'enfants sculptés.

53 — Crédence Henri II en bois sculpté. Ce meuble a subi
des restaurations.

54 — Devant de bahut du xvie siècle en bois sculpté décoré de figures sous trois arceaux à plein cintre.

55 — Meuble crédence en bois sculpté en deux tons (Dieterling). Industrie du Palatinat sous Louis XIII et sous Louis XIV.

56 — Coffre en noyer sculpté avec tiroirs et secrets à l'intérieur.

57 — Table Henri II à neuf pieds et à tirettes.

58 — Prie-Dieu Louis XIII en bois de noyer sculpté décoré d'une figure de Jésus-Christ debout et de colonnettes.

59 — Commode Louis XIV à trois rangs de tiroirs, en marqueterie de cuivre, première partie sur bois, garnie de chutes et de poignées en bronze ciselé et doré, à mascarons et ornements. Dessus de marbre rouge de Flandre.

60 — Petit cabinet en bois de palissandre incrusté de nacre.
Travail du Tonkin.

61 — Boîte à bétel de même travail.

62 — Console Louis XVI avec tablette d'entre-jambes en bois de chêne sculpté, avec dessus de marbre blanc.

63 — Secrétaire droit de la fin du règne de Louis XV en marqueterie de bois.

64 — Contadore portugais en bois de palissandre sculpté et armorié.

65 — Cabinet hispano-arabe enrichi de parties en os rehaussées de dorure. Il repose sur une table en bois noir de travail moderne.

66 — Grand secrétaire Louis XV en marqueterie de bois garni de bronzes.

67 — Commode fermant à deux portes en marqueterie de bois. Époque Louis XVI.

68 — Cache-caisse de travail ancien.

69 — Meuble pour trumeau de salle à manger.

70 — Vitrine en bois d'acajou et cuivre à deux étages. Époque Louis XVI.

71 — Petite vitrine Louis XVI fermant à quatre portes et arrondie à ses extrémités, en bois d'acajou.

72 — Petite commode Louis XIV, en bois de violette et dessus de marbre royal régent.

73 — Lit portugais en bois sculpté, modèle à colonnes, avec dossier et pieds richement sculptés.

74 — Pendule Louis XVI en bois et bronze.

75 — Meuble cabinet de travail italien du temps de Louis XII.

76 — Guéridon à dessus de marqueterie et colonne à jour.

77 — Deux baromètres Louis XVI en bois sculpté et doré.

SIÈGES

78 — Fauteuil Louis XIII en bois sculpté et doré, couvert de velours de Gênes.

79 — Deux fauteuils en bois sculpté et doré, couverts de velours de Gênes ancien.

80 — Fauteuil Louis XIV en bois sculpté et laqué, couvert en tapisserie.

81 — Quatre fauteuils des époques Louis XV et Louis XVI en bois laqué couverts d'ancienne tapisserie.

82 — Canapé de style Louis XVI couvert de tapisserie ancienne.

83 — Fauteuil Louis XIV en bois doré, couvert en tapisserie. Le bois provient du château de Bercy.

84 — Petit canapé en bois doré couvert de soie bleue. Fin Louis XV.

85 — Fauteuil Louis XIV en bois sculpté et canné.

86 — Fauteuil canné avec accotoirs garnis.

87 — Fauteuil canné.

88 — Deux chaises fumeuses en bois doré couvertes en tapisserie au point.

89 — Chaise ancienne couverte en tapisserie.

90 — Fauteuil Louis XIII couvert d'étoffe ancienne.

91 — Bois de fauteuil en noyer sculpté.

92 — Fauteuil Louis XIII couvert de vieilles broderies
appliquées.

93 — Fauteuil couvert de vieille tapisserie à fond blanc.

94 — Fauteuil Louis XIII couvert de vieille étoffe à bande
jaune.

95 — Fauteuil Louis XIII en bois noir couvert de vieille
tapisserie.

SCULPTURES ET OBJETS VARIÉS

96 — Bois. — Statue de Vierge, xve siècle.

97 — Bois. — Figure de poète assis, en bois de chêne, xve siècle.

98 — Dessus de coffre en fer avec belle serrure compliquée. Cette pièce provient du château de Langres (Haute-Marne).

99 — Coffret gothique en bois sculpté. Cette pièce a subi des restaurations.

100 — Petit coffret garni en argent repoussé.

TAPISSERIES

101 — Belle tapisserie de Flandre aux armes de la maison d'Orange entourées de drapeaux et de trophées d'armes. — Haut., 2 m. 90 cent., larg., 2 m. 30 cent.

102 — Belle tapisserie italienne du xvie siècle exécutée sur un carton de Raphaël. — Haut., 2 m. 39, larg., 4 m. 40.

103 — Belle tapisserie des Gobelins représentant le Triomphe d'Amphitrite. — Haut., 3 m. 55, larg., 4 m. 65.

104 — Tapisserie du xve siècle avec belle bordure, de belle qualité et bien conservée.

105 — Tapisserie de Bruxelles du temps de Louis XV représentant la Mort de Cléopâtre. La bordure de cette tapisserie a été refaite.

106 — Tapisserie à large et belle bordure, grands et petits personnages. Belle conservation. — Haut., 3 m. 45, larg., 3 m. 90.

107 — Tapisserie renaissance représentant un sujet tiré de l'histoire d'Esther et d'Assuérus. Riche bordure à figures, vases de fruits et ornements. — Haut., 3 m. 45, larg., 4 m. 65.

108 — Tapisserie de la fin du xvie siècle représentant Vulcain implorant les dieux. Riche et large bordure composée de groupes de fruits. — Haut., 3 m. 45, larg. 3 m. 90.

109 — Autre tapisserie provenant de la même suite. Mars et Vénus pris dans les filets de Vulcain. La partie gauche de cette tapisserie manque. — Haut., 3 m. 45, larg., 3 m. 60.

110 — Jolie tapisserie représentant un paysage accidenté

animé par des oiseaux et une petite figure. Bordure d'ornements dorés. — Haut., 2 m. 15, larg., 4 m. 20.

111 — Tapisserie provenant de la même suite que celle qui précède. Celle-ci n'a pas la bordure de droite et elle est signée B. Baert. Cambray. — Haut., 2 m. 65, lar., 4 m. 35.

112 — Petite tapisserie représentant un sujet champêtre. — Haut., 2 m. 10, larg., 2 m. 05.

113 — Paravent à quatre feuilles garni de tapisseries représentant les Saisons.

TABLEAUX

114 — COYPEL (attribué). — Portrait de femme. Dans un cadre du temps en bois sculpté.

115 — RIGAUD (attribué à). — Portrait de Louis XIV. Dans un cadre en bois sculpté et doré.